AF388744

CLOCHES

DE

NOËL ET DE PÂQUES

Les trois légendes illustrées dans ce volume sont tirées du recueil de contes que j'ai publié, en 1898, à la Librairie Hachette, sous un titre sonore : « Au Son des Cloches ». Les nombreux tintements de cloches qui sonnaient en la plupart de ces contes justifiaient ce titre. MM. Hachette m'ont permis, avec une bonne grâce dont je leur suis reconnaissant, de détacher trois cloches du campanile et de les porter, rue Jacob, à l'Édition d'Art. J'ai pu réaliser ainsi, pour la première fois, l'une des ambitions de ma vie et retrouver, fixées par le talent d'un artiste renommé, quelques-unes des images aperçues par moi, en des heures de rêve, soit entre les lignes de chroniqueurs barbares du moyen-âge, soit à la marche des Évangiles.

Cloches de Noël, Cloches de Pâques, puisse votre carillon réjouir les personnes demeurées fidèles aux lointains souvenirs du monde chrétien! Jadis j'écoutais votre voix qui chantait sur la basilique du Latran ou la cathédrale de Pise, sur les petites églises bysantines d'Athènes et les couvents d'Arcadie, même, un matin d'avril, sur la pauvre chapelle d'Éphèse, toute fleurie d'asphodèles. Rendez un peu de votre charme aux lecteurs candides, aux âmes généreuses qui se plaisent encore aux idylles de saint Luc, aux grandes pensées de saint Jean.

Émile GEBHART.

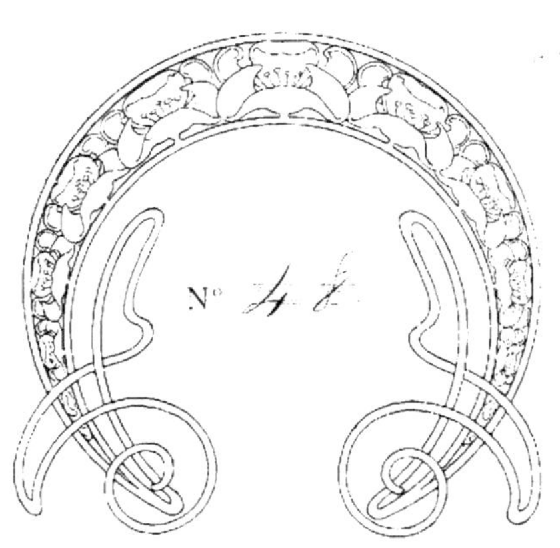

Nº 44

CLOCHES

DE

NOËL ET DE PÂQUES

ILLUSTRATIONS ET DÉCORATION

DE

A. MUCHA

F. CHAMPENOIS
IMPRIMEUR-ÉDITEUR
BOUL. St-MICHEL, 66, PARIS

H. PIAZZA ET Cie
L'ÉDITION D'ART
RUE JACOB, 4, PARIS

Les Trois Rois

'ÉTAIT dans la dernière année du règne d'Hérode le
Grand, prince de Jérusa-
lem, qui gouvernait les Juifs
au nom de César Auguste,
empereur des Romains. Un
soir d'hiver, le long du rivage
occidental de la mer Morte, deux cortèges
étranges allaient lentement l'un vers l'autre,
à la lueur d'une multitude de torches. En
tête de celui qui venait du Nord, jouait une
musique barbare, fifres stridents et tambourins de cuivre. Entouré de guerriers à la face
plate et féroce, couleur de safran, à la barbe
noire comme le jais, à la chevelure tordue

en longues tresses, s'avançait, monté sur un
cheval cuirassé de lames d'acier, une sorte de
géant, plus jaune de figure et de mine plus
inquiétante que le reste de sa bande ; ses yeux
noirs et durs exprimaient l'insolence de la
domination ; une énorme moustache noire
retombait jusqu'à sa poitrine : coiffé d'acier,
dans sa cotte de mailles d'acier, il étincelait
d'une façon sinistre, tel qu'un dieu extermi-
nateur, au-dessus d'une forêt de piques, de
haches, de massues et de larges sabres recour-
bés, qui luisaient au feu rouge des torches,
comme inondés d'une rosée sanglante. Plus
loin, à l'arrière-garde, une file de mules chargées de tapis et de tentes cheminaient pesamment, encouragées par le cri rauque d'esclaves
à demi nus ; éclairées par le flamboiement du
cortège royal, elles traînaient sur les grèves
et les eaux noires du lac maudit une vision
d'ombres monstrueuses. Mais le roi formidable ne voyait autour de lui ni les gardes qui

veillaient sur sa chevauchée mystérieuse, ni
la mer impure, unie comme le marbre d'une
tombe, ni la lande violette où rampaient des
vapeurs livides, ni les montagnes ténébreuses
dressées dans les profondeurs du désert; la
tête tournée vers sa droite, il regardait d'un
œil fixe, tout enfiévré de terreur religieuse,
une grande étoile d'or qui penchait sur le
couchant et glissait, solitaire, dans les replis
de l'azur.

L'autre cortège, qui suivait la rive méri-
dionale et sortait des steppes horribles de
l'Arabie, était plus extraordinaire encore.
La lumière vacillante des torches élevées par
des esclaves au teint de bronze, revêtus de
tuniques blanches, la tête couverte de voiles
blancs, montrait une procession d'éléphants
noirs drapés de pourpre, sur le dos desquels
se pressait une foule d'hommes au visage
pâle, aux yeux très doux, dont les robes de
soie vermeille ruisselaient de pierreries; des

vieillards, le front ceint de bandelettes de
laine blanche, dont la barbe descendait jusqu'à la ceinture, portaient des camails d'hermine où tremblaient des étincelles de diamants ; des pages charmants tiraient de
légères cithares aux cordes d'or des mélodies
lentes, douloureuses, d'une suavité trou-
blante ; des ascètes, au corps décharné, au
visage aride, aux yeux morts, psalmodiaient
sourdement, sans s'arrêter jamais, des oraisons mélancoliques. Tout au milieu du cortège, là où la musique pleurait en accords
plus tristes, où la prière était plus lugubre,
marchait un éléphant colossal, tout blanc,
harnaché d'une tour d'ivoire, sur la plate-
forme de laquelle se tenait, à demi couché,
à demi noyé dans la neige des fourrures
précieuses, un jeune homme d'une beauté
merveilleuse, enveloppé d'hermine, couronné
de rubis, et qui semblait languir de lassitude
mortelle. Et tous ils allaient, bercés par les

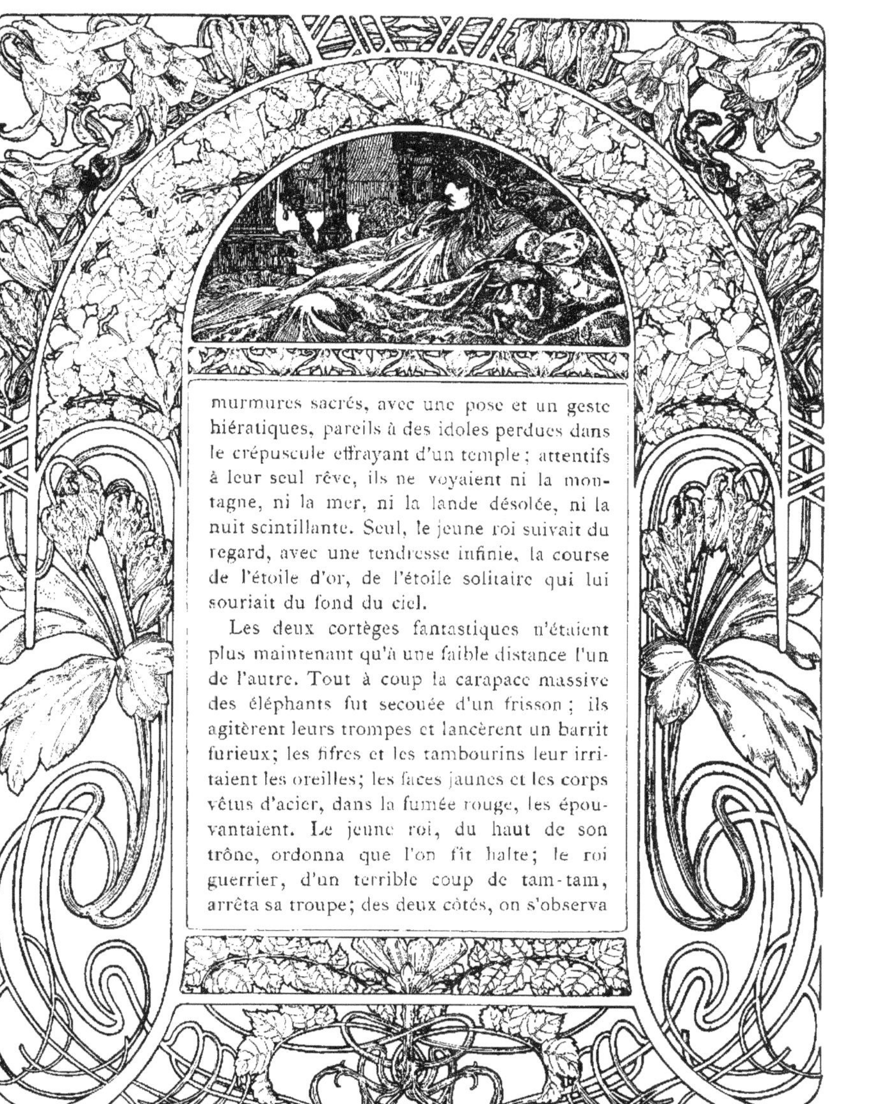

murmures sacrés, avec une pose et un geste
hiératiques, pareils à des idoles perdues dans
le crépuscule effrayant d'un temple ; attentifs
à leur seul rêve, ils ne voyaient ni la montagne, ni la mer, ni la lande désolée, ni la
nuit scintillante. Seul, le jeune roi suivait du
regard, avec une tendresse infinie, la course
de l'étoile d'or, de l'étoile solitaire qui lui
souriait du fond du ciel.

Les deux cortèges fantastiques n'étaient
plus maintenant qu'à une faible distance l'un
de l'autre. Tout à coup la carapace massive
des éléphants fut secouée d'un frisson ; ils
agitèrent leurs trompes et lancèrent un barrit
furieux ; les fifres et les tambourins leur irri-
taient les oreilles ; les faces jaunes et les corps
vêtus d'acier, dans la fumée rouge, les épou-
vantaient. Le jeune roi, du haut de son
trône, ordonna que l'on fît halte ; le roi
guerrier, d'un terrible coup de tam-tam,
arrêta sa troupe ; des deux côtés, on s'observa

longuement, en un silence plein de menaces.

Les rois échangèrent des ambassades. Chacun d'eux parut fort surpris par le récit que lui rapporta son propre légat. Une heure plus tard, à l'abri d'une tente de pourpre, accoudés à des coussins, près d'un brasero où les esclaves brûlaient les parfums les plus exquis de l'Asie, les deux voyageurs se contaient comment ils se trouvaient cette cette nuit-là sur les bords lamentables de la mer Morte.

« Je suis le plus malheureux des princes, dit le roi venu du Nord. Mon empire est si vaste que je n'en connais point les bornes vers la région où le soleil se couche. Partout ailleurs, ma puissance ne cesse qu'à la mer ou à des montagnes si prodigieuses que le pied de l'homme ne peut les franchir. Tous les peuples jaunes tremblent sous ma main. Je possède des provinces où les fleurs sont toujours épanouies, les fruits toujours dorés,

et des déserts dont le souvenir seul fait frémir; jamais la glace n'y fond, jamais la tempête ne s'y calme et pas une bête vivante ne s'y rencontre. Au cœur de mon royaume s'étend un vaste pays magique où pèse un brouillard éternel, où courent des fantômes et des démons, dont la voix, plus plaisante à ouïr que le chant des jeunes filles, attire les hommes à des gouffres sans fond. J'ai aussi de beaux et larges fleuves, très commodes pour le transport des denrées, mais qui nourrissent des caïmans en trop grande abondance. Toutes ces misères, qui ne font pâtir que mes sujets, ne m'empêcheraient point, à la vérité, de vivre parfaitement joyeux. On m'appelle le Fils du Ciel, mes ancêtres étaient tous Fils du Ciel; mais, dans l'intimité, pour mes douze cents femmes et mes enfants, mon nom est Gaspard. Malheureusement, le Fils du Ciel ne connaît point son Père Céleste. Je suis le Pontife unique d'un

dieu incertain, sorti du cerveau d'un grand philosophe, mort il y a plusieurs centaines d'années. Mes temples, dépourvus de prêtres et d'adorateurs, sont toujours vides. Mes peuples se contentent sottement de divinités aussi hideuses que ridicules, en présence desquelles je suis forcé, par bonne politique, de faire la révérence. Figurez-vous, auguste frère, des scorpions gros comme des bœufs, des chevaux à tête de serpent, des dragons hérissés de plumes, des crapauds dont la gueule engloutirait sans peine le plus lourd de vos éléphants ! Un grand dieu chimérique et une foule de monstres en plâtre et en toiles peintes ne sont point les ressorts d'une sérieuse police. A la rigueur, avec mon armée, mes espions et mes bourreaux, je m'assurerais de la paix publique. Si une province se révolte ou refuse l'impôt, je déchaîne sur elle cent mille soldats affamés des biens d'ici-bas. J'ai des supplices fort

élégants et raisonnablement atroces. Le grand
garçon que j'ai placé tout à l'heure à l'entrée
de notre tente est le ministre de ma justice :
d'un coup de rasoir, il fait voler à vingt pas
la tête d'un homme qui marche. Mais la
fortune méchante me cause parfois de trop
cruels embarras. De temps en temps, des
armées de sauvages, venus je ne sais d'où,
peut-être tombés de la lune, se jettent sur
mes plus riches domaines et pillent et mas-
sacrent tout. Quand mes généraux parais-
sent, ils ne trouvent plus personne, ou, s'ils
atteignent l'ennemi, ils sont régulièrement
battus d'une façon honteuse. Alors le peuple,
dont l'esprit est naturellement faux, s'en
prend à mon dieu et le charge de toutes
ses souffrances, et, comme ce dieu n'appar-
tient qu'à moi seul, c'est à moi seul qu'il
demande compte du sang versé, des villes et
des moissons brûlées, des enfants outragés.
Chaque nuit, le cauchemar d'une révolution

visite ma couche. Je rêve que ma tête sacrée
et mes membres inviolables sont promenés
en petits morceaux dans les cités les plus
lointaines du royaume. Simple laboureur
avec une charrue de bois, humble marinier
avec une vieille barque, je serais plus heureux. J'ai consulté mes astrologues et mes
magiciens ; longtemps leurs réponses m'ont
déplu, et plusieurs, pour cela, furent étran-
glés. L'un d'eux, un devin, aveugle et cente-
naire, me dit enfin :

« Roi Gaspard, Empereur du monde,
« monte sur ton cheval de guerre et dirige-
« toi à la fois vers le midi et le couchant :
« une étoile inconnue jusqu'à présent y
« paraîtra bientôt : oriente-toi sur l'étoile,
« sans jamais te décourager ; une nuit, elle
« demeurera immobile, et d'un triple rayon
« elle éclairera le berceau d'un dieu. Si ce
« dieu accepte ta foi, tu seras sauvé et bien
« heureux ! »

« J'ai franchi l'Asie, l'œil fixé chaque nuit sur l'étoile. Elle m'a guidé à travers le brouillard et les tempêtes de neige. Mais je chevauche depuis près de deux années sur le même air de musique ; je me sens bien fatigué et je voudrais demain découvrir le dieu ! »

A son tour, le jeune roi à la face blanche, après s'être soulevé péniblement sur les fleurs d'or des coussins, prit la parole :

« Mon frère, je suis encore plus à plaindre que vous, moi, Melchior, Empereur de l'Inde, le maître du royaume où éclatent toutes les splendeurs de la terre, où les pierres précieuses pullulent sur le sol comme les fleurs des prairies. Mais moi-même et les rois mes serviteurs et la multitude inouïe de mes peuples, nous sommes les esclaves de dix mille dieux, partout présents, qui jamais ne sommeillent, jamais ne sourient. Des prêtres sans nombre, d'un orgueil implacable, les plus

savants, les plus riches de l'empire, des prêtres
sans pitié qui jamais n'ont caressé une douleur
humaine, haïssent les guerriers et méprisent
le pauvre, accomplissent les rites affreux de ces
dieux. Il n'est pas une vallée, pas une forêt,
pas une montagne où ne s'élève un temple
éblouissant dont les coupoles et les tours
semblent défier le ciel. Là, jour et nuit, les
prêtres prient pour eux seuls. D'énormes rep-
tiles s'enroulent autour des idoles farouches
et gardent des trésors dont une pièce d'or n'est
jamais tombée dans la main d'un orphelin.
Parfois, sur un bûcher aussi haut que le
temple, afin d'honorer la statue aux cent
bouches dévorantes, ils brûlent des jeunes
femmes plus gracieuses que l'aurore. Ces
dieux n'aiment que la mort, ne donnent que
la mort. Chaque printemps, des rives de leur
fleuve sacré, ils évoquent la peste et lui jettent
en pâture une moitié de mon empire, et alors
dans les cités magnifiques, les vivants n'ont

plus le courage d'ensevelir les morts. Un
prophète, un saint a tenté, il y a bien longtemps déjà, d'arracher les âmes à ces dieux
de terreur ; mais il n'a su trouver d'autre salut
que le renoncement à la vie, le sommeil profond de l'esprit, un sommeil vide de songes,
sans amour ni espérance, et la retraite du
corps, immobile et rigide, au sommet d'une
colonne ou dans le creux d'un rocher. J'ai
voulu échapper à ces deux religions sépul-
crales. Un sage venu de très loin, des con-
trées de l'Occident, me dit un soir :

« Un dieu de bonté naîtra bientôt sur les
« confins de l'Asie. Mets-toi en route le long
« de la mer de Perse : une étoile ignorée des
« prêtres te précédera : elle fera couler ses
« rayons d'or sur le tabernacle du dieu, et
« si celui-ci te bénit, tes peuples seront
« consolés ! »

Melchior et Gaspard s'endormirent frater-
nellement côte à côte près du brasero par-

fumé. Les deux troupes allumèrent du feu
au bord du lac funèbre. Aux approches du
jour, l'étoile miraculeuse pâlit; elle s'éteignit
au lever du soleil.

Les deux rois reprenaient chaque jour leur
voyage au crépuscule. Jusqu'au soir, couchés
sur le seuil de la tente, ils promenaient silencieusement leurs regards des montagnes aux
teintes fauves à la mer grise où le vent passait sans y tracer une seule ride. Melchior
écoutait la musique plaintive des cithares :
Gaspard se fit chanter la sombre chronique
de son grand-père, glorieux Fils du Ciel, à
qui les Tartares sacrilèges avaient arraché
les yeux et coupé la langue.

Puis on replia les tentes, et les deux cortèges, mêlés l'un à l'autre, s'ébranlèrent
autour des deux rois. Déjà l'étoile étincelait
dans l'azur doré du ciel occidental. A ce
moment, du haut de sa tour, le roi blanc
aperçut de loin un nouveau venu qui accou-

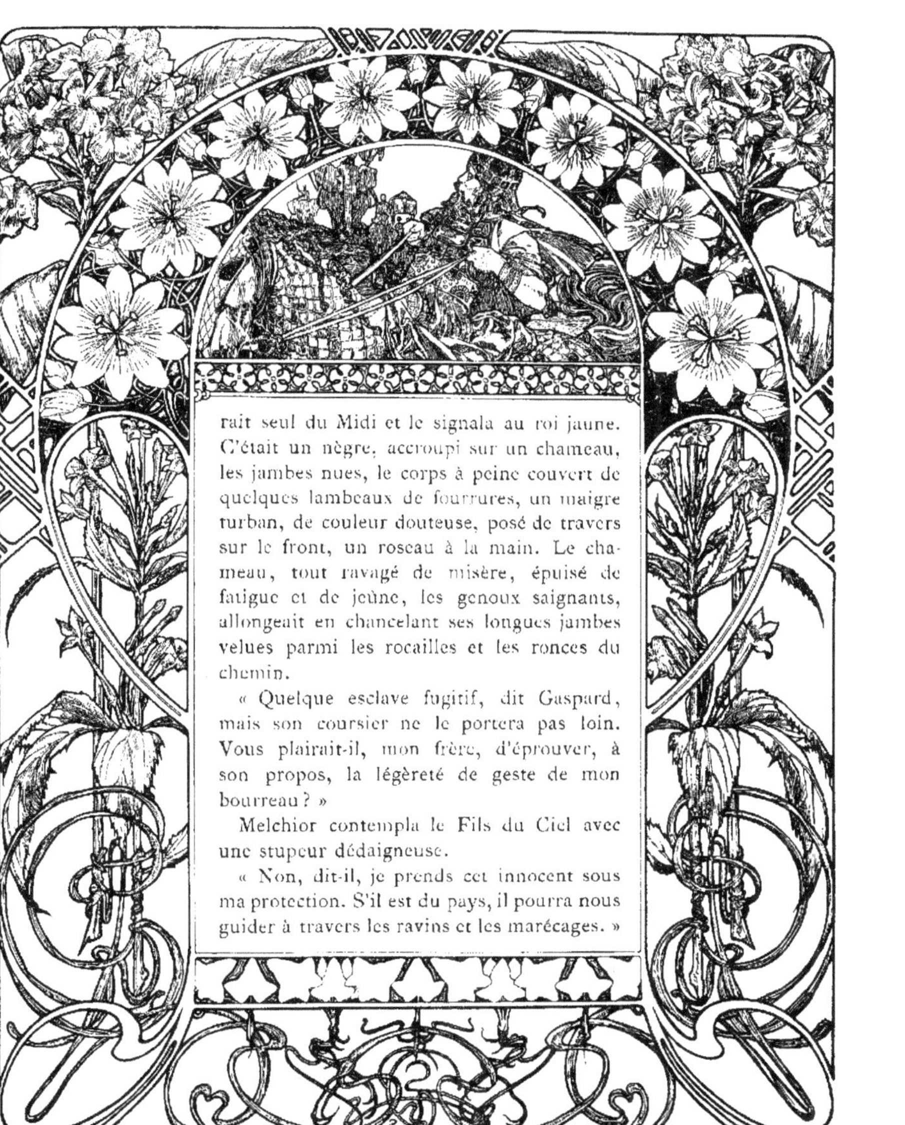

rait seul du Midi et le signala au roi jaune.
C'était un nègre, accroupi sur un chameau,
les jambes nues, le corps à peine couvert de
quelques lambeaux de fourrures, un maigre
turban, de couleur douteuse, posé de travers
sur le front, un roseau à la main. Le chameau, tout ravagé de misère, épuisé de
fatigue et de jeûne, les genoux saignants,
allongeait en chancelant ses longues jambes
velues parmi les rocailles et les ronces du
chemin.

« Quelque esclave fugitif, dit Gaspard,
mais son coursier ne le portera pas loin.
Vous plairait-il, mon frère, d'éprouver, à
son propos, la légèreté de geste de mon
bourreau ? »

Melchior contempla le Fils du Ciel avec
une stupeur dédaigneuse.

« Non, dit-il, je prends cet innocent sous
ma protection. S'il est du pays, il pourra nous
guider à travers les ravins et les marécages. »

Le nègre poussait alors un cri aigu, un cri de joie; il pressait une main contre son cœur, et, de l'autre, levant son turban, il saluait l'étoile rayonnante.

Puis il attendit, avec des signes de plaisir enfantin, le passage des maîtres de l'Asie.

Melchior l'encouragea à s'approcher, et le chameau en ruines mena pompeusement son cavalier entre l'éléphant impérial et le cheval de guerre à l'armure d'acier.

« Qui es-tu? D'où viens-tu? Où vas-tu? dit le roi à la figure blanche.

— Je suis Balthazar, l'Empereur des hommes noirs, le prince de l'Afrique. Je viens d'un monde de désolation. Je vais où m'appelle l'étoile. J'apporte à l'Enfant divin qui repose dans la lumière de l'étoile le soupir de douleur de la race noire.

— Nous irons tous trois ensemble, mon frère, dit Melchior, et ce sera véritablement alors le pèlerinage du genre humain. »

On mit le feu aux torches. Et, par les soli-
tudes mornes et les sentiers des montagnes,
le cortège reprit sa marche dans la direction
de Jérusalem.

Jusqu'au jour, Balthazar conta, au son des
cloches et des tambourins, les malheurs de
son peuple, les déserts sans fin, stériles, où
l'on ne trouve point une goutte d'eau; l'ou-
ragan enflammé; le voyageur étouffé dans
une colonne de sable brûlant; les marais aux
bords desquels l'on respire la mort; les forêts
aux arbres gigantesques, toujours dans la
nuit, dont l'homme ne peut plus sortir; puis
le fourmillement des serpents dont le regard
seul fait mourir, les lions, les hyènes, les
panthères; le long de la mer, les requins; dans
les rivières et les lacs, les crocodiles; puis les
famines, les mœurs féroces, les peuplades qui
mangent l'homme, les exterminations, les vil-
lages anéantis par le fer et le feu, et les pirates,
chasseurs d'esclaves, qui, sur toutes les côtes,

jettent leurs filets aux enfants et aux jeunes filles.

« Et tout cela n'est rien encore, disait le pauvre roi Balthazar. Nous avons l'habitude de la faim, de la soif, des bêtes méchantes et des massacres. Mais nous voudrions tant comprendre quelque chose à toutes ces souffrances, et nous ne pouvons pas. Là-bas, dans le monde noir, le vieillard n'en sait pas plus long que l'enfant tout petit. Toute notre vie se passe au fond d'un trou très sombre. Nos dieux ne nous donnent aucune lumière. Ce sont de petits dieux très faibles, qui ont peur et se cachent sous la pierre du foyer, souvent des lézards, des grillons ou des couleuvres ; nous sommes trop ignorants pour en trouver de meilleurs. J'ai fait venir les plus habiles sorciers. Ils charment les serpents, mais n'endorment pas les cœurs malheureux en leur soufflant l'espérance. Cependant l'un d'eux me dit un jour :

« Roi de l'Afrique, marche vers l'Asie.
« Quand tu seras parvenu au rivage d'une mer

« bleue comme le ciel, une étoile t'apparaîtra
« du côté du Nord. Poursuis ta route en allant
« toujours vers elle. Une nuit, elle s'arrêtera
« sur le toit d'un dieu nouveau-né. Tu adoreras
« ce petit et les plaies de ta race seront guéries. »
Melchior, Gaspard et Balthazar se reposèrent
tout un jour encore sur la terre de Palestine.
Au crépuscule suivant, l'étoile brilla d'un
éclat si beau, qu'ils sentirent très proche le
terme de leur voyage. Ils gravirent des collines arides : à leurs pieds se creusait une
vallée ; des feux étaient allumés de toutes
parts, à la lueur desquels on reconnaissait des
troupeaux et des bergers avec leurs chiens.
Au milieu de la vallée, près d'un bourg, une
vaste masure appuyée à une grotte de rochers
était comme illuminée par trois rayons d'or
qui tombaient de l'étoile mystérieuse.

Gaspard fit taire sa musique barbare.
Melchior imposa silence aux oraisons de ses

ascètes. On n'entendait plus que les cithares,
qui rendaient une mélodie mourante, mêlée
de soupirs et de sanglots. Les troupeaux
regardaient sans effroi le défilé des éléphants.
Les chiens vinrent flatter les esclaves et les
hommes d'armes. Quelques bergers chantaient d'une voix si douce que Balthazar se
mit à pleurer et à rire tout à la fois.

A minuit, les trois Rois descendirent de
leurs montures. Suivis des esclaves portant
les présents précieux, ils frappèrent à la
porte. Melchior tenait un encensoir d'or où
fumait l'encens, Gaspard une cassolette d'or
où fumait la myrrhe, Balthazar n'avait entre
les mains que son roseau.

La porte s'ouvrit. C'était une étable nue
et froide, où entrait le vent d'hiver. Sur la
paille d'une crèche, un enfant dormait. Un
bœuf était à la droite, un âne à la gauche
de la crèche, et leur souffle réchauffait l'enfant. Une jeune femme vêtue de blanc se

tenait assise à la tête de l'humble berceau.
Mais les trois Mages avaient reconnu le Dieu
et les trois races humaines se prosternaient,
le front dans la poussière, devant Jésus.

Les vapeurs bleues de l'encens et de la
myrrhe montèrent jusqu'au toit. Entre les
poutres mal jointes, on voyait le ciel et l'étoile
et des battements de grandes ailes blanches, et
l'on entendait des chuchotements angéliques.

Gaspard, le premier, offrit ses présents, un
monceau d'armes tout incrustées de diamants.

« Seigneur, dit-il, me voici incliné devant
ta faiblesse, moi qui suis au comble de la
grandeur humaine : je t'ai cherché afin d'ob-
tenir ton alliance dans la guerre et après
la guerre. Fais que ces armes se tournent
contre quiconque éléverait son bras afin
d'abaisser ma puissance. »

L'Enfant dormait toujours. Et, dans les
hauteurs, les voix célestes répondirent :

« Je suis le Dieu des pacifiques et ne veux

d'autres armes que la douceur et la miséricorde. Les tiennes sont bonnes seulement
pour les rois qui, durant les siècles à venir,
égorgeront mes peuples comme des che-
vreaux sans défense ! »

Melchior joignit les mains ; tandis que ses
esclaves déroulaient devant la crèche des
étoffes d'or et de soie et jetaient sur la paille
de l'étable des poignées de pierres précieuses :

« Seigneur, dit-il, j'ai longtemps écouté la
parole des sages, et leur sagesse ne m'a paru
que vanité. J'ai vénéré les saints, et leur
sainteté n'était que mensonge. J'ai cherché
un Dieu de vie à tâtons dans la nuit et n'ai
rencontré que le deuil et la mort. Prends,
Seigneur, toutes mes richesses, tous mes
trésors, et fais que la joie fleurisse sur les
nécropoles de mon empire. »

L'Enfant dormait toujours. Et les anges
répondaient :

« Je suis le Dieu des pauvres. Je ne veux

d'autres trésors que la pureté. Laisse là ces
présents : ils sont pour mes Pontifes et mes
prêtres qui, oublieux de mon dénuement, se
vêtiront de soie et marcheront tout constellés
d'émeraudes et d'améthystes ! »

Balthazar s'agenouilla à son tour. Il prit
entre ses mains les pieds de l'Enfant et les
baisa en pleurant.

« Petit Dieu, plus blanc et plus doux que
la lumière, je n'ai rien à t'offrir, rien que mon
cœur et mes larmes. Aie pitié de moi, Seigneur, aie pitié de mes frères, et pour notre
grande tristesse, donne-nous ton amour ! »

Alors Jésus s'éveilla et se mit à sourire. Il ouvrit ses petits bras et fit tomber sur la misère
humaine une bénédiction enfantine. Et, sur le
toit de l'étable, dans le rayonnement de l'étoile,
les anges aux ailes blanches chantaient :

« Gloire à Dieu au plus haut des cieux,
et paix sur la terre aux hommes de bonne
volonté ! »

La Dernière Nuit
de Judas

UDAS demeura longtemps immobile, dans le bois d'oliviers,
à l'endroit même où il avait
donné le baiser de mort à
Jésus. Il suivit des yeux la
troupe de sbires qui entraî-
naient le Fils de l'Homme à
Jérusalem. A la lueur sanglante des lanternes
et des torches, parmi les piques et les épées
nues, le triste cortège, silencieux, à pas pressés, tel qu'une bande de voleurs de nuit,
s'enfonça dans les profondeurs de la campagne et disparut. Alors Judas s'enveloppa
tranquillement de son long manteau rouge,

et, s'appuyant au tronc d'un olivier, la face tournée du côté de la ville, il attendit.

Il était plus de minuit. La lune baignait d'une lumière bleuâtre les champs arides, les remparts et les tours de la cité sainte. Une rumeur très grave montait, de plus en plus indistincte, vers la haute région du Temple. Des appels de hiboux se répondaient à travers le désert. Une énorme chauve-souris souffleta de son aile froide la joue de Judas. Il ramena sur son front un pan de son manteau.

Il attendait toujours. Tout à coup, il se tourna avec un frémissement de joie vers l'entrée du jardin, sortit de l'ombre et courut à la rencontre d'un homme qui semblait chercher quelqu'un dans les ténèbres de Gethsémani. C'était un vieux Juif, à la longue barbe blanche, courbé sur son bâton, le trésorier du Grand-Prêtre, qui s'avançait d'un pas timide. Il laissa Judas s'approcher

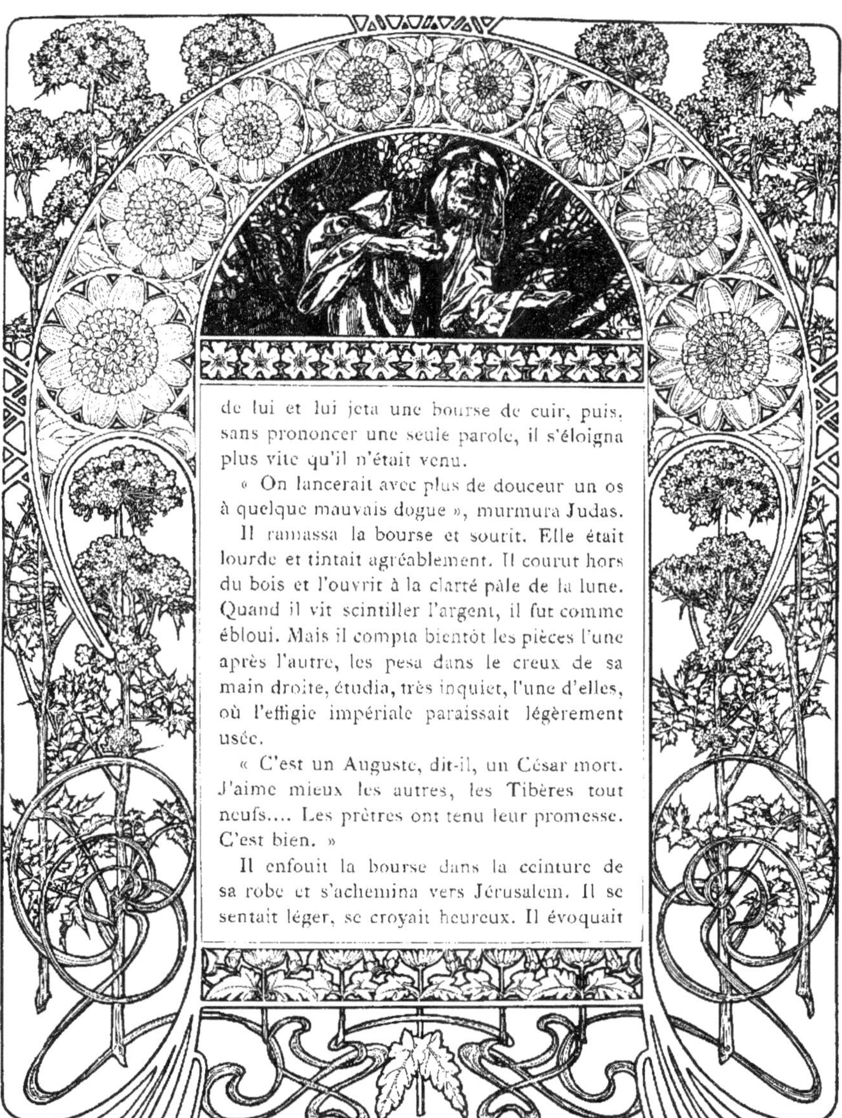

de lui et lui jeta une bourse de cuir, puis, sans prononcer une seule parole, il s'éloigna plus vite qu'il n'était venu.

« On lancerait avec plus de douceur un os à quelque mauvais dogue », murmura Judas.

Il ramassa la bourse et sourit. Elle était lourde et tintait agréablement. Il courut hors du bois et l'ouvrit à la clarté pâle de la lune. Quand il vit scintiller l'argent, il fut comme ébloui. Mais il compta bientôt les pièces l'une après l'autre, les pesa dans le creux de sa main droite, étudia, très inquiet, l'une d'elles, où l'effigie impériale paraissait légèrement usée.

« C'est un Auguste, dit-il, un César mort. J'aime mieux les autres, les Tibères tout neufs.... Les prêtres ont tenu leur promesse. C'est bien. »

Il enfouit la bourse dans la ceinture de sa robe et s'achemina vers Jérusalem. Il se sentait léger, se croyait heureux. Il évoquait

en sa mémoire, pour se rassurer, les séduc-
tions perfides de Caïphe, le soir du marché
scélérat. N'avait-il pas livré le Prophète qui
annonçait la ruine de la loi et méprisait
Moïse, le faux roi d'Israël, le Messie men-
teur qui chassait les usuriers des portiques
de Salomon et fermait aux riches le royaume
des cieux? Mais lui, l'humble Iscariote, il
venait de venger magnifiquement Dieu, David
et Rome. Et, ce jour même, tandis que le
soleil éclairerait le supplice de Jésus, le vrai
peuple de Dieu, Lévites, Docteurs, Scribes,
Pharisiens, et tous les amis de César, et
Pilate, l'orgueilleux lieutenant de César,
salueraient en lui l'artisan d'une œuvre très
grande.

« Mon nom, songeait-il, vivra aussi longtemps que les noms de Jacob, de Daniel et
d'Élie. »

Il pénétra dans la ville
muette et morne et, pensant qu'à cette heure

Caïphe interrogeait Jésus, il prit le chemin
du palais sacerdotal. De loin, il aperçut les
fenêtres illuminées; sur les terrasses, le long
des portiques, des ombres allaient et venaient;
de la cour précédant le vestibule s'élevait un
flamboiement rougeâtre. La rue était déserte.
Un coq chanta.

« L'aurore est proche », dit Judas.

Il s'arrêta sur le seuil de la maison. Au
milieu de la cour pétillait un grand feu. L'un
des Douze, Pierre, assis sur un escabeau, se
chauffait les mains, tout en conversant avec
une jeune servante. Pierre semblait à la fois
irrité et fort malheureux. Il parlait très haut
et disait à la jeune fille :

« En vérité, je te le jure. non, je ne connais pas cet homme ! »

Le coq chanta de nouveau. La servante se
retira. Pierre se replia sur lui-même et
tomba dans une méditation douloureuse : il
n'entendit pas Judas qui s'approchait du feu.

Du prétoire de Caïphe sortait tantôt une clameur sourde, coupée de longs silences, tantôt
l'éclat d'une voix hautaine et méchante, puis
le murmure d'une parole grave et douce, qui
faisait trembler et pleurer comme un enfant,
près du foyer où il se croyait seul, le pêcheur
de Galilée.

Alors le coq chanta pour la troisième fois.

Pierre tressaillit, jeta un cri d'horreur,
releva la tête et se dressa debout. Et les deux
apôtres, le renégat et le parricide, se regar-
dèrent face à face.

Mais le front de Pierre parut si terrible,
il porta si résolument la main à son épée,
que Judas recula, tout frissonnant de peur,
jusqu'à la porte du Grand-Prêtre.

Longtemps il erra autour du Temple, dont
l'enceinte ne s'ouvrait qu'au lever du soleil.
Il voulait choisir sur l'heure, dans les gale-
ries extérieures de l'édifice, la place où il
établirait son comptoir de marchand d'or.

Les prêtres lui donneraient certainement un
lieu favorable ; et bientôt les belles monnaies
de l'Égypte, de la Grèce, de l'Italie, de l'Asie
ruisselleraient entre ses doigts. Il se rirait
alors de tous ces vagabonds faméliques,
amoureux de pénitence et de pauvreté, ses
anciens compagnons de misère, les disciples
de l'homme qui allait mourir. Déjà quelques Lévites faisaient tourner les grilles du
Temple, sous les yeux d'un rabbin. Judas
marcha vers eux du pas assuré de l'homme
qui rentre en son logis, la figure riante, avec
un salut familier de la main. Mais le prêtre
fronça les sourcils, étendit le bras et lui
barra la route :

« Arrête et va-t'en. La loi défend à tout
être impur l'accès des parvis sacrés. Va-t'en.
On t'a donné, cette nuit, le prix du sang,
trente deniers d'argent : tu es payé de ta
peine. Faut-il que je te chasse d'ici tel qu'un
adultère, un idolâtre ou un meurtrier ? »

Judas s'éloigna du Temple. Cette fois, il se dirigeait vers le tribunal de Pilate. Les Romains seraient pour lui plus doux que les prêtres, le protégeraient même contre la malice de la Synagogue. Quant à ces rabbins fanatiques, ils lui faisaient simplement pitié. Au fond du cœur, il le savait, la tribu de Lévi adorait toujours le veau d'or, comme au temps de Moïse. Quand ils verraient Iscariote, client du procurateur, couvert par la faveur de César, amasser de grandes richesses, entasser dans ses magasins les étoffes d'or et de soie, les ivoires, les orfèvreries, les parfums de l'Asie, pour les revendre chèrement à Rome, ils l'admireraient et le caresseraient et viendraient brûler chaque jour à ses pieds quelques grains d'encens dérobés à leur Jéhovah.

Et, content de son rêve d'orgueil et d'avarice, Judas, tout le long du chemin, répondit par des regards de défi à la curiosité mépri-

sante des familiers de la Synagogue, Scribes
ou Pharisiens, qui, de loin, le montraient
du doigt et, de près, s'écartaient dédaigneu-
sement de son ombre comme d'une souillure.
Il hâta sa marche, attiré par le tumulte d'une
grande foule et, brusquement, au détour
d'une rue, se trouva en présence d'une scène
effroyable.

La multitude déchaînée battait les murs
du palais de Pilate : la lie de Jérusalem et
de la Judée, voleurs, sicaires, courtisanes,
parjures, faux-monnayeurs, les brigands des-
cendus de leur montagne, les homicides et
les infâmes sortis de leurs repaires. Tous, la
face et les mains tendues vers le proconsul,
les yeux ardents, ils hurlaient :

« Barrabas ! Barrabas ! rends-nous Barrabas ! »

Debout, au milieu d'une galerie aux lourdes
colonnes de porphyre, entouré de ses officiers
et des Princes des prêtres, Pilate, tête nue,

drapé en sa toge blanche, jetait à la populace
des paroles que Judas n'entendait point. Et,
chaque fois que le maître romain ouvrait la
bouche, les cris de l'horrible meute redou-
blaient :

« Barrabas ! Barrabas ! »

Judas se glissa parmi la foule. Des figures
amies s'inclinèrent vers lui ; il recueillit des
félicitations d'assassins et des sourires de
prostituées. Comme il atteignait les premiers
rangs, sur le seuil même du palais, il se
sentit soulevé par une tempête de colère :
de mille poitrines jaillissait un cri nouveau,
le cri tragique :

« Qu'il soit crucifié ! Qu'il soit crucifié ! »

Pilate, découragé et triste, rentra, suivi de
son cortège, dans le prétoire. Un jeune centurion demeura, contemplant la foule, entre
deux piliers de la galerie. Près de lui un
vieux Docteur de la Loi, d'aspect très noble,
déroulait fiévreusement et lisait avec une

angoisse étrange le livre des grands Prophètes. La fureur du peuple s'apaisa par
degrés : il sentait vaguement qu'une chose
sinistre s'accomplissait dans l'intérieur de
la maison. Tout à coup, le prêtre aperçut
l'apôtre au manteau rouge : il dit quelques
mots à l'oreille du centurion qui, à son
tour, abaissa les yeux sur Iscariote, fit un
geste de dégoût et se retira précipitamment.

Alors la porte massive, revêtue de lames
de bronze, s'ouvrit avec une lenteur solen-
nelle. Pilate reparut à la colonnade de porphyre ; un silence de mort s'établit dans la
rue ; à travers l'ombre trouble du vestibule,
chancelant et soutenu par deux soldats, le
front et les joues inondés de larmes de sang,
couronné d'épines, un roseau à la main, un
lambeau de pourpre noué sur la poitrine,
Jésus marchait vers le peuple de Dieu.

La multitude étonnée, muette, voyait
s'avancer la vision sanglante. Judas, éperdu,

détourna son visage. Pilate se pencha en
avant, et, de la main où brillait l'anneau dont
il scellait les ordres de César, il montra le
Nazaréen et dit d'une voix sonore :

« Voilà l'homme ! »

Et le cri terrible de la populace retentit
encore une fois, plus âpre et plus impérieux :

« Qu'il soit crucifié ! Qu'il soit crucifié ! »

Quelques femmes éclatèrent en sanglots,
tandis qu'un frénétique, embrassant la statue
de Tibère, vociférait :

« Malheur à lui ! Malheur à Jérusalem !
Malheur à Dieu ! Malheur à moi ! »

Le centurion, précédant les gardes du proconsul, la pique en arrêt, rejeta violemment
la foule à droite et à gauche, et fraya le passage à la procession funéraire. Et, comme
Judas se dérobait parmi ses voisins, afin de
ne point rencontrer le regard de Jésus, l'offi-
cier de Pilate lui frappa rudement l'épaule
du pommeau de son épée :

« Es-tu venu pour insulter à la misère
d'un Prophète juif, ou pour outrager par ta
présence la majesté de Rome ! Nos dieux
ont horreur des traîtres. Va vite, très loin
d'ici, chercher une solitude assez écartée
pour y cacher ton ignominie ! »

Judas se laissa entraîner
par la foule qui se ruait autour de la garde
romaine. Mais plusieurs de ces hommes qui,
tout à l'heure, demandaient Barrabas, avaient
deviné les paroles du centurion. Il surprit
des murmures d'une inquiétante ironie et,
prudemment, ralentit le pas, puis il se jeta
dans une ruelle déserte.

« Suis-je donc pour tous un pestiféré ? »
dit-il.

Il voulut alors rentrer à sa maison, afin
d'y méditer en paix sur le présent et l'avenir.
Mais il tomba dans un groupe de femmes et
d'adolescents dont les yeux lui firent peur.
Il reconnut les jeunes garçons qui, trois

jours auparavant, jonchaient de fleurs et de
rameaux verts le sentier triomphal de Béthanie
et chantaient :

« Hosannah ! Fils de David, aie pitié de
nous ! Hosannah ! »

Il changea de route et se dirigea vers les
remparts de la ville. Mais les enfants le sui-
vaient en maudissant son nom. Il précipita
sa retraite et les entendit courir derrière lui
avec des huées et des mots sinistres. Il tra-
versa la place d'un marché occupé par les
paysans et les bergers venus ce matin-là des
campagnes de Galilée.

« Judas ! Judas ! » criaient les jeunes garçons.

« Judas ! » répondirent les Galiléens. « A
mort ! A mort ! »

Il se mit à fuir sous une grêle de pierres,
tête basse, ramassant les plis de son manteau, harcelé par les chiens, sentant qu'il
perdait du terrain et qu'il allait périr d'une
mort affreuse et que, d'abord, on lui arra-

cherait les trente pièces d'argent. Brusquement, une porte de Jérusalem apparut grande
ouverte. Il bondit sous la voûte, d'un élan
désespéré. Les sentinelles romaines, croyant
qu'une émeute courait vers le Golgotha pour
reprendre à ses bourreaux le roi des Juifs,
abaissèrent leurs lances vers le peuple et
l'arrêtèrent.

Judas fuyait dans la lumière éblouissante
de la campagne. Il fuyait par la plaine rocail-
leuse, par le lit des torrents, sur la crête nue
des collines. Il fuyait au hasard, tantôt vers
la montagne et tantôt vers la mer, vers Tibé-
riade ou Samarie, vers Bethléem ou Sodome.
Une seule pensée, une angoisse unique le
possédait : il était perdu; lui, le fidèle de
César et de Moïse, on le pourchassait comme
une bête enragée; quel serait, pour ce jour,
l'asile où s'abriterait sa terreur? quelle serait,
demain, la destinée de toute sa vie?

Vers l'heure de midi, il s'assit à l'ombre

d'une muraille de rochers ; il fut surpris
d'apercevoir, tout près de lui, après une si
longue course, la figure menaçante de Jérusalem. Puis, au sommet d'une colline très
proche de la ville, apparut la cavalerie
romaine ; plus loin, un groupe d'hommes,
de femmes et d'enfants en deuil : enfin, une
grande foule. C'était une scène étrange et
confuse, qu'il regardait vaguement. Mais,
par-dessus les piques et les casques des
Romains, trois croix se dressèrent en même
temps sur le bleu du ciel, et chacune d'elles
portait un homme cloué aux mains et aux
pieds. Judas reconnut alors le Calvaire ; à la
plus haute croix, la tête inclinée sous sa couronne d'épines, Jésus agonisait. Et, quand
les cavaliers descendirent vers Jérusalem, le
traître vit, aux pieds du Roi des Juifs, une
femme seule, agenouillée, et, tout autour de
la croix, les disciples et les enfants pros-
ternés, le front dans la poussière.

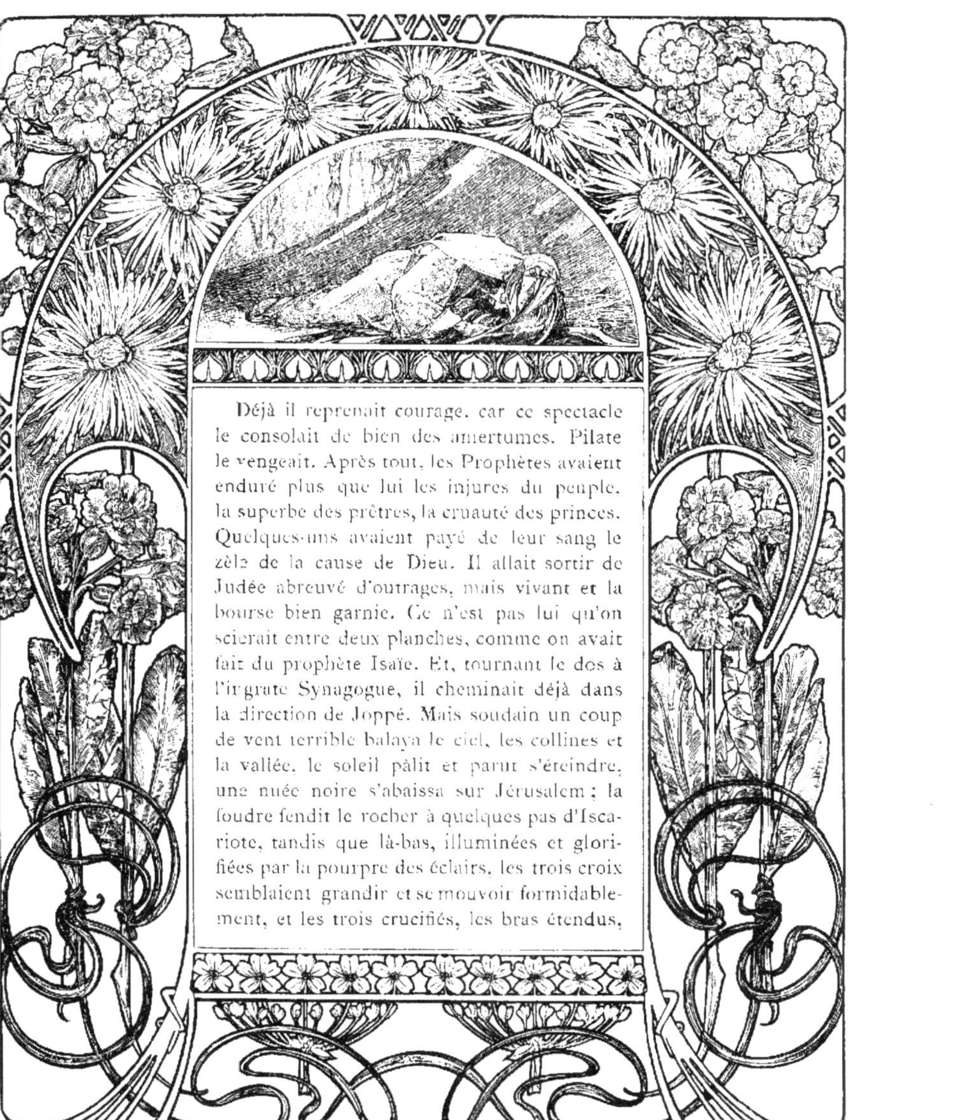

Déjà il reprenait courage, car ce spectacle
le consolait de bien des amertumes. Pilate
le vengeait. Après tout, les Prophètes avaient
enduré plus que lui les injures du peuple,
la superbe des prêtres, la cruauté des princes.
Quelques-uns avaient payé de leur sang le
zèle de la cause de Dieu. Il allait sortir de
Judée abreuvé d'outrages, mais vivant et la
bourse bien garnie. Ce n'est pas lui qu'on
scierait entre deux planches, comme on avait
fait du prophète Isaïe. Et, tournant le dos à
l'ingrate Synagogue, il cheminait déjà dans
la direction de Joppé. Mais soudain un coup
de vent terrible balaya le ciel, les collines et
la vallée, le soleil pâlit et parut s'éteindre,
une nuée noire s'abaissa sur Jérusalem ; la
foudre fendit le rocher à quelques pas d'Iscariote, tandis que là-bas, illuminées et glori-
fiées par la pourpre des éclairs, les trois croix
semblaient grandir et se mouvoir formidable-
ment, et les trois crucifiés, les bras étendus,

les mains sanglantes et les yeux fixes, s'avan-
çaient contre l'apostat.

Fou d'épouvante, Judas se coucha, la face
à terre, enseveli sous son manteau.

Il ne se releva qu'au soir.
Une paix de sépulcre pesait alors sur toute
la nature. Il n'osa plus regarder du côté du
Calvaire. Le grand silence des choses l'inquié-
tait. Il voulut rencontrer quelqu'un, entendre
le son d'une voix humaine, chercher sur un
visage un rayon de pitié. Il redoutait la nuit,
la nuit lugubre qui s'approchait. Il revint
vers Jérusalem et s'assit au bord d'un sentier,
accablé de lassitude.

Bientôt les étoiles étincelèrent au fond de
l'azur et la lune versa sur la brume violette
de la plaine un flot de lumière triste. Du
côté de la ville résonna le bruit d'un bâton
qui heurtait les pierres du chemin, puis une
ombre apparut. L'homme marchait très vite,
le dos courbé, comme s'il avait hâte de fuir

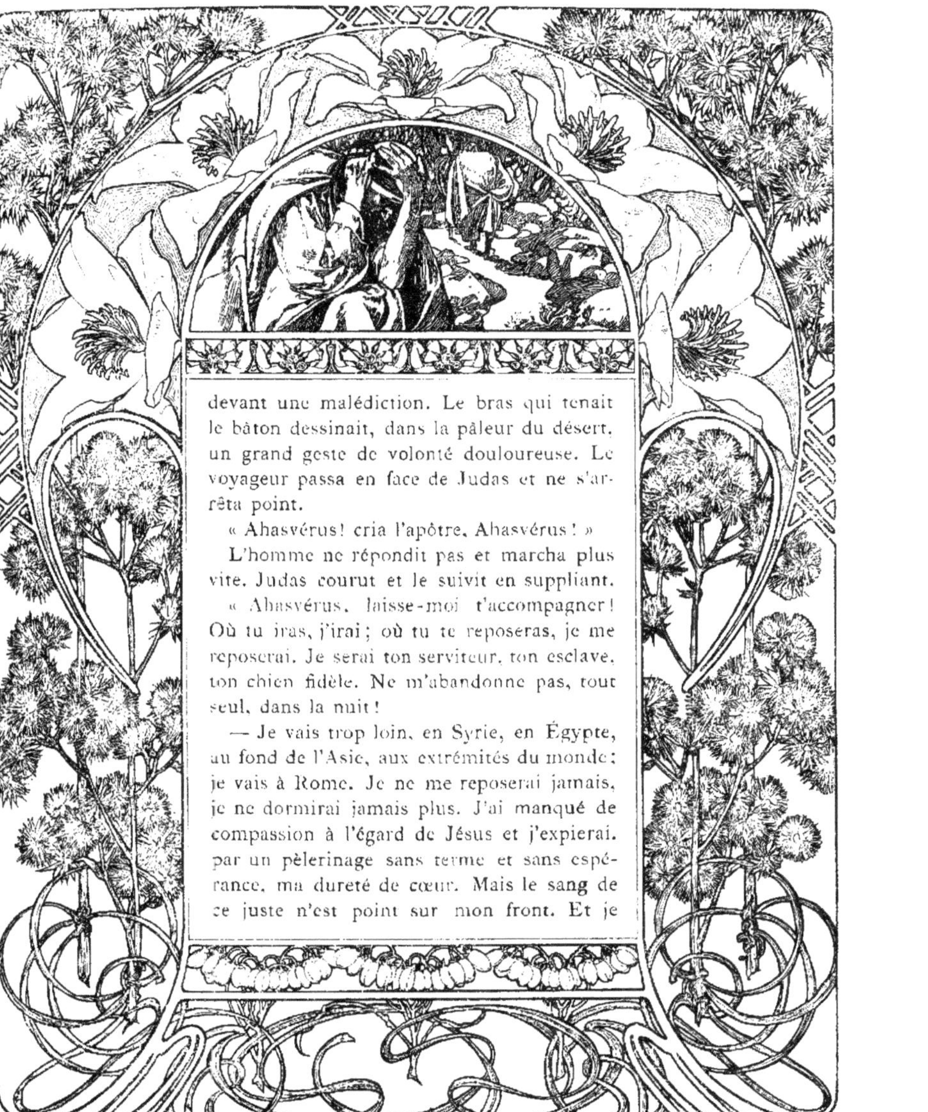

devant une malédiction. Le bras qui tenait
le bâton dessinait, dans la pâleur du désert,
un grand geste de volonté douloureuse. Le
voyageur passa en face de Judas et ne s'arrêta point.

« Ahasvérus! cria l'apôtre, Ahasvérus! »

L'homme ne répondit pas et marcha plus
vite. Judas courut et le suivit en suppliant.

« Ahasvérus, laisse-moi t'accompagner!
Où tu iras, j'irai; où tu te reposeras, je me
reposerai. Je serai ton serviteur, ton esclave,
ton chien fidèle. Ne m'abandonne pas, tout
seul, dans la nuit!

— Je vais trop loin, en Syrie, en Égypte,
au fond de l'Asie, aux extrémités du monde:
je vais à Rome. Je ne me reposerai jamais,
je ne dormirai jamais plus. J'ai manqué de
compassion à l'égard de Jésus et j'expierai,
par un pèlerinage sans terme et sans espérance, ma dureté de cœur. Mais le sang de
ce juste n'est point sur mon front. Et je

t'avertis, Judas, que j'écraserai du pied toutes
les vipères qui traverseront ma route ! »

Le marcheur s'enfonça dans les ténèbres.
Judas vit s'évanouir l'ombre de l'éternel
exilé ; il prêta longtemps l'oreille au bruit
décroissant du bâton ferré. Puis, timide-
ment, il se rapprocha encore de Jérusalem.
En dehors de l'enceinte, au fond d'un ravin,
il connaissait quelques masures hantées par
les misérables et les criminels. Peut-être,
dans une de ces ruines, trouverait-il un
refuge et un ami jusqu'au lever du soleil.

A travers les fentes d'une
porte passait un filet de lumière. Il regarda
et reconnut, accoudé près d'une lampe, le
scélérat qui faisait trembler la Judée, le
voleur que Pilate avait rendu à la populace,
Barrabas. Il frappa. La porte s'ouvrit.

« Barrabas ! je suis brisé. J'ai froid, j'ai
faim, j'ai peur. Laisse-moi dormir cette nuit
sur la pierre de ton foyer ! »

Le bandit se tenait au seuil de sa maison.
Il haussa les épaules, avec un rire sinistre.

« Tu veux donc déshonorer Barrabas ? Si
je t'accepte comme hôte, demain, dans Jérusalem, mon peuple me lapidera. Non ! Écoute,
Judas : moi, j'ai tué cinq ou six Juifs et deux
chevaliers romains, j'ai volé des poignées
d'or au Temple dans les coffres du Grand-
Prêtre ; j'ai arraché une lame d'or à l'Arche
d'alliance, qu'on ne peut toucher sans mourir ;
mais je n'ai jamais vendu de créature humaine
et n'ai jamais fourni de victimes aux bourreaux. J'aimerais mieux t'étrangler que de te
permettre de franchir ma porte. Si tu as sommeil, le Golgotha n'est pas loin d'ici : tu
peux y dormir très paisiblement, la tête
appuyée à la croix de ton Seigneur, et personne, cette nuit, pas même le Démon,
n'osera t'y déranger ! »

Et Judas se traîna tantôt dans l'ombre des
remparts, tantôt parmi les vignes et les oli-

viers. L'insolence de Barrabas était vraiment
pour lui un coup trop rude. Jusqu'alors, le
Dieu de Jésus l'avait frappé noblement : le
Temple, Rome, les disciples, le peuple, et le
Juif maudit qui cheminait dans la nuit, à la
bonne heure ; mais cet assassin qui le repous-
sait de sa maison ! l'outrage était trop cruel
et l'arme trop vile.

Et sa haine du Nazaréen grandissait d'une
façon monstrueuse. C'est à ce mort qu'il
devait tant de hontes. Il se réjouissait de
l'avoir trahi ; il souriait affreusement au souvenir des supplices dont il avait été le témoin
effaré. Il comptait les plaies de la flagella-
tion, les soufflets des valets de Pilate, les
épines de la couronne, les clous de la croix.

Puis, la pensée amère lui vint qu'un
crucifié si précieux au monde avait été jeté
pour un bien pauvre prix aux griffes de la
Synagogue.

« Il valait au moins cent deniers, mur-

mura-t-il : les Prêtres m'ont trompé bien
méchamment. »

Il montra le poing au ciel ruisselant
d'étoiles et, comme il se sentait brûlé par la
fièvre et par la soif, il marcha vers un bou-
quet d'arbres qui, peut-être, ombrageaient
quelque fontaine. Le vent pleurait doucement à travers la feuillée. Déjà Judas se
sentait plus dispos. Tout à coup il poussa
un cri rauque, le cri du naufragé qui se noie,
et s'abattit sur ses deux genoux, terrassé par
un bras invisible. Il reconnaissait l'olivier
sous lequel, l'autre nuit, suivi des sbires
armés, il avait baisé au front le Fils de
l'Homme.

Il s'échappa en rampant du jardin de
Gethsémani ; puis, trébuchant à chaque pas,
il vagua dans la solitude. Il ne pensait plus
à rien, n'espérait plus rien, souhaitait seulement de rencontrer Satan, l'archange déchu,
afin de l'émouvoir par son immense détresse...

Au loin, deux palmiers étendaient leurs branches fines sur les rebords d'une citerne perdue dans la campagne. C'était le puits de Jacob, dont l'eau sainte avait été consacrée par une parole de Jésus. Mais Judas n'avait même plus la force de se dérober à ce grand souvenir. Il s'affaissa pesamment contre la margelle, et, comme à la chaîne du puits aucun seau n'était attaché, il pencha sur le bord sa face brûlante, afin de respirer la fraîcheur de l'eau.

Entre les deux palmiers glisse, fantôme léger, une toute jeune fille vêtue de blanc, voilée de blanc, toute frêle, qui, de son bras nu, soutient une amphore de terre posée sur l'épaule droite. Judas soulève son front livide et dit, d'une voix très faible :

« J'ai soif ! »

La jeune fille fait un mouvement d'effroi, comme à la vue d'une bête dangereuse.

« J'ai soif ! » dit-il encore.

« Lui aussi, répond-elle, le Prophète que
tu as livré, du haut de sa croix, a crié :
« J'ai soif! » et les Romains lui ont tendu,
au fer d'une lance, une éponge pleine de
fiel. »

Elle descendit l'amphore au fond de la
citerne et la retira toute débordante d'eau
pure, dont les gouttes, en retombant, scin-
tillaient comme des pierreries.

Judas se taisait. Il tremblait en présence
de cette enfant. Il tendait vers l'eau fraîche
ses lèvres arides.

Avec une grâce mélancolique, elle s'inclina
vers lui :

« Tiens, dit-elle, pour l'amour de Jésus,
prends et bois ! »

Et, quand il eut bu, elle replaça l'amphore
sur son épaule et, toute blanche, s'en alla,
d'un pas tranquille, sous la caresse des
étoiles.

Alors, dans l'âme ténébreuse de Judas,

entra comme une ondée de lumière. D'un
coup d'œil rapide, il mesura toute son
infamie et la profondeur de sa chute : et ce
fut, pour sa conscience, un vertige mortel.
La douceur de la jeune fille lui révélait le
mystère auquel il n'avait jamais cru, et l'angoisse du sacrilège envahit son cœur.

« Quel est donc, dit-il, ce crucifié qui, par
la main d'une enfant, a versé sur ma tête
le baume de la miséricorde ? »

Il demeura très longtemps assis contre la
margelle du puits de Jacob. Et la même
pensée lui revenait sans cesse, et, loin d'y
trouver une consolation, il en recevait une
souffrance infinie. En face de lui, sur un
monticule, se dressait un figuier desséché,
et la parabole du Seigneur s'éveilla confu-
sément dans sa mémoire. Brusquement il
courut à l'arbre, étendit à terre son manteau
rouge, y jeta les trente pièces d'argent, puis,

dénouant les bandelettes de son turban, il se
pendit à la plus grosse branche du figuier
stérile.

Sous les pieds de l'apôtre mort,
le manteau semblait une large tache de sang.
Un chacal vint y dormir jusqu'à l'aurore.
Dès les premières blancheurs du matin, un
grand vautour aux ailes fauves tournoyait,
très haut dans le ciel, au-dessus de l'arbre
funèbre.

Alleluia !

Monumenta aperta sunt, et multa corpora sanctorum, qui dormierant, surrexerunt. Et exeuntes de monumentis post resurrectionem Ejus, venerunt in civitatem et apparuerunt multis.

(Saint MATHIEU, chap. XXVII, 52.)

'APÔTRE saint Jean, évêque d'Éphèse, accomplissait alors sa quatre-vingt-quatorzième année. Il était le personnage le plus auguste du monde chrétien. Il survivait à la grande famille apostolique. Pierre et Paul, Mathieu, Luc et Marc étaient morts. Jérusalem, brûlée par Titus, n'était plus qu'une ruine hantée par les chacals et

les vipères. Les terreurs que Jean avait entrevues du haut des roches de Pathmos étaient en partie réalisées. Satan avait marché dans l'ombre de Néron. Autour de Jean, dernier témoin de la vie du Seigneur, la communauté chrétienne de l'Asie se groupait avec adoration. Il semblait garder d'étranges secrets et parlait parfois mystérieusement de l'acte suprême de la Rédemption qui restait à venir, l'apparition du Paraclet, qui achèverait l'œuvre de Jésus. Toutes les paroles tombées de sa bouche étaient recueillies comme divines par la conscience de ses disciples. Cependant il se taisait toujours sur les heures qui s'étaient écoulées entre la Passion du Sauveur et le matin de Pâques. C'était le tabernacle auguste de ses souvenirs, au voile duquel il n'osait jamais porter la main.

Il aimait, en ces derniers jours de sa vie, à s'asseoir, entouré de ses plus jeunes néophytes, au sommet d'une colline qui s'avance,

comme un promontoire, le long du port
d'Éphèse. Là, d'un petit bois de cyprès, de
cèdres et d'arbres de Judée, il contemplait la
mer et, bien loin au delà de la mer, dans les
profondeurs du ciel, il paraissait chercher la
face radieuse des jeunes Églises, Alexandrie,
Syracuse, Rome, Athènes, Corinthe, Thessa-
lonique. Ses yeux retrouvaient le sillage des
navires montés jadis par les Apôtres, toute
sa jeunesse refleurissait en sa mémoire et,
jusqu'au crépuscule, il suivait du regard,
balancée sur les flots, dans la douceur de
l'azur, une Apocalypse triomphale.

Alors ses disciples le soulevaient entre
leurs bras et le portaient, à travers les ruelles
déjà ténébreuses d'Éphèse, au quartier habité
par les chrétiens. Il y avait, parmi ces jeunes
gens, des Juifs des plus grandes familles
d'Israël, proscrites de Palestine par l'Empereur, des Romains sortis des écoles de la
Grèce, des Hellènes nourris du miel de

Platon. L'un de ces derniers, un enfant venu d'Eleusis, était le préféré de l'Apôtre. Il avait pris, au baptême, le nom de son maître, qu'il charmait par la candeur de sa foi et aussi par les croyances singulières qu'il avait sur la mort, sur le sommeil et les rêves de la tombe et le retour, permis par Dieu, des âmes élues ou des âmes maudites, à la clarté du soleil.

Un soir de printemps, le soir même de Pâques, les dernières que l'Apôtre célébra, Jean d'Eleusis, après avoir baisé la main du vieillard, lui dit d'une voix très tendre :

« Père, est-il vrai que, dans la nuit du Vendredi sacré, les morts sortirent de leurs tombeaux et entrèrent dans Jérusalem, où beaucoup les reconnurent ? »

Saint Jean tressaillit et ferma les yeux, comme pour ressaisir une vision lointaine ou retrouver les traits de figures bien-aimées.

Puis, il baissa la tête et des larmes coulèrent
sur sa barbe blanche. Les disciples s'étaient
rapprochés de lui : il vit leurs jeunes visages
tout illuminés de pureté et, relevant son
front majestueux, sous le dais des hautes
branches étoilées de fleurs roses, en face de
la mer assoupie, l'Apôtre parla :

« Oui, mes enfants, les morts ressusci-
tèrent alors, délivrés par le Fils de Dieu :
c'étaient les âmes les plus nobles, les plus
malheureuses et les plus saintes de l'huma-
nité. Mais, parmi ces morts, il y avait un
vivant, dont personne n'a gardé le nom, un
vivant à qui fut accordé une béatitude plus
glorieuse que toutes les grâces autrefois pro-
diguées à Abraham, à Jacob et à Moïse. Je
veux, avant de mourir, vous léguer la mémoire d'Élisée, petit-fils de David, le plus
grand peut-être des témoins de Jésus. »

Après un court silence l'Apôtre reprit :

« Le Seigneur venait d'expirer. Une tem-

pête affreuse roulait sur Jérusalem. Le ciel
était couleur de sang, la terre d'une pâleur
de cendre. Le Temple flamboyait dans un
incendie d'éclairs. C'était l'agonie de toutes
choses. Comment, de la colline du Golgotha,
ai-je pu revenir à ma pauvre demeure, je ne
sais. Je me traînais, trébuchant aux pierres
du chemin, vers la ville. Puis, me soutenant
d'une main aux murailles des maisons, aux
piliers des portiques, je montai vers le haut
quartier où végétaient obscurément les plus
pitoyables d'entre les Juifs, c'est-à-dire la
première et la plus vénérable d'entre les
Églises du monde. La mère du Seigneur
me suivait, appuyée sur Marie-Madeleine,
entourée des plus chers disciples de Jésus.
Ceux-ci chancelaient à chaque pas. Les deux
Jacques sanglotaient comme de petits enfants;
Pierre tout frissonnant de honte, Pierre qui,
la nuit d'avant, dans la cour de Caïphe,
avait trois fois renié le Maître, marchait le

dernier, très loin, délaissé par tous, courbé vers la terre, misérable. Seules, les deux femmes douloureuses semblaient porter en elles une foi et un espoir qui n'étaient plus dans nos cœurs. Elles allaient pensives, comme dans l'attente d'un grand mystère. Quant à moi, malheureux Apôtre, j'entendais toujours le cri déchirant du Seigneur :

« Père, Père, pourquoi m'avez-vous aban-
« donné ? »

« Et la face du Verbe éternel était maintenant voilée pour moi, la lumière divine que j'avais longtemps adorée s'était éteinte. Je ne voyais plus que le sanglant moribond, couronné d'épines, la poitrine transpercée par la lance romaine, cloué au gibet des prêtres, et je pensais qu'on scellerait ce soir-là à jamais la pierre du tombeau sur le dernier prophète d'Israël.

« La nuit vint. La tempête s'apaisa. Un silence de mort tomba, tel qu'un

suaire, sur Jérusalem parricide. Et la lune
de Pâques éclaira la désolation du Calvaire.

« Je montai alors à la terrasse de la maison, accompagné de Marie-Madeleine. La
mère du Seigneur voulait demeurer seule,
afin de prier pour les bourreaux de son fils.
Nous regardions, sans échanger une parole,
les remparts prochains, la vallée solitaire et
les montagnes si tristes, et nos yeux reve-
naient toujours à la colline où se dressaient
les trois croix. La croix du milieu, l'arbre
de vie qui couvrira le monde de ses branches, était vide. Plus bas, parmi les rochers
et les cyprès, nous reconnaissions l'étroit
jardin où, vers la fin du jour, Joseph d'Arimathie et Nicodème avaient déposé le corps
du Crucifié, en un sépulcre neuf. Et, très près
de nous, planant sur Jérusalem, effrayante
et toute noire, s'élevait l'ombre du Temple,
les dômes et les tours, les longs portiques de
marbre et les palais des Lévites, la syna-

gogue méchante, sans douceur, sans pitié,
sans justice.

« Vers minuit, comme la lune était au
plus haut du ciel, un bruit inquiétant, très
faible d'abord, tel que le frémissement lointain du vent d'orage dans les roseaux, frappa
nos oreilles. Il semblait venir à nous de
toutes les profondeurs du désert farouche.
Peu à peu, il se rapprochait de Jérusalem,
grandissant toujours. C'était maintenant le
murmure d'une ruche prodigieuse, comme
le bourdonnement d'une armée se hâtant
vers la ville. Et déjà. de toutes parts, sur
les sentiers, dans le lit des torrents et le
creux des ravins, à travers les champs de
vignes ou d'oliviers, sur les plateaux arides,
se mouvaient des formes incertaines, un
fourmillement de fantômes qui glissaient
sur la terre plutôt qu'ils ne marchaient et
dont les voiles flottaient au souffle de la nuit
plus légers que les vapeurs du matin.

« L'Ange du dernier jour, dit Marie-Made-
« leine, a-t-il donc réveillé ceux qui dor-
« maient dans la paix des vieux sépulcres,
« et les âmes mortes viennent-elles chercher
« ici les vivants pour les entraîner avec elles
« dans la vallée de Josaphat ? »

« Arrêtés par les remparts de Jérusalem,
les premiers flots de cette multitude cou-
rurent avec le bruissement d'un grand fleuve
autour de la double enceinte ; et bientôt, par
toutes les portes, sous les yeux des sentinelles romaines enchaînées par la stupeur,
les morts se répandirent à travers la cité,
allant vers le Temple. Ils montaient, en cor-
téges de plus en plus pressés, comme à l'as-
saut de la citadelle sainte où, durant de si
longs siècles, avait reposé l'Esprit de Dieu ;
ils montaient toujours, poussant de vagues
soupirs pareils au battement d'ailes d'une
nuée d'oiseaux funèbres, et, de loin en loin,
une clameur aiguë, plaintive, qui semblait

jaillir des profondeurs d'un abîme. Quelques
Juifs, assez courageux pour se pencher alors
sur le mur de leurs terrasses et contempler,
sans mourir, cette invasion de spectres, virent
cheminer dans l'ombre tout le passé d'Israël,
les patriarches, la tête couverte d'une dra-
perie blanche, les juges, pontifes et capitaines,
sous leur manteau sacerdotal, les rois cou-
ronnés de bandelettes de pourpre, les grands
prêtres, sous leurs dalmatiques étincelantes
de pierreries, les prophètes, pieds nus et tête
nue, les cheveux et la barbe au vent, dans
leur robe de deuil. Ils reconnurent Isaïe au
sang vermeil dont son vêtement était inondé;
Ézéchiel, à l'angoisse folle de son regard, au
cri d'épouvante qui sortait de sa bouche;
Jérémie, à la douleur inouïe de son visage,
au geste de désespoir et d'amour dont il
saluait Jérusalem. Ils reconnurent Salomon,
le roi des rois, à l'orgueil insolent de sa
face, et Moïse, le père de la Loi, au double

rayon de flamme posé sur son front chauve.
On les vit gravir les parvis du Temple et
remplir les portiques d'où Jésus avait chassé
à coups de fouet les usuriers; puis, ils s'en-
gouffrèrent dans le Saint des Saints, dont les
hautes portes d'airain se refermèrent d'elles-
mêmes, sans bruit, sur le dernier ressuscité.
Et Jérusalem, toute blanche aux lueurs de la
lune de Pâques, s'endormit dans la terreur.
« Aucune de ces âmes glorieuses
n'avait visité la région où nous vivions, nous,
les amis du Seigneur. Mais à cette heure
même, sur le chemin des remparts, très près
de notre maison, défilèrent longtemps des
figures lamentables, ceux qui avaient pleuré
et qui avaient eu faim, les humbles de cœur,
les déshérités, les pauvres et les esclaves, ceux
qui avaient souffert pour la justice, les victimes des rois et des prêtres, des pharisiens
et des publicains, le troupeau des exilés et
des captifs, ceux qui s'étaient assis aux bords

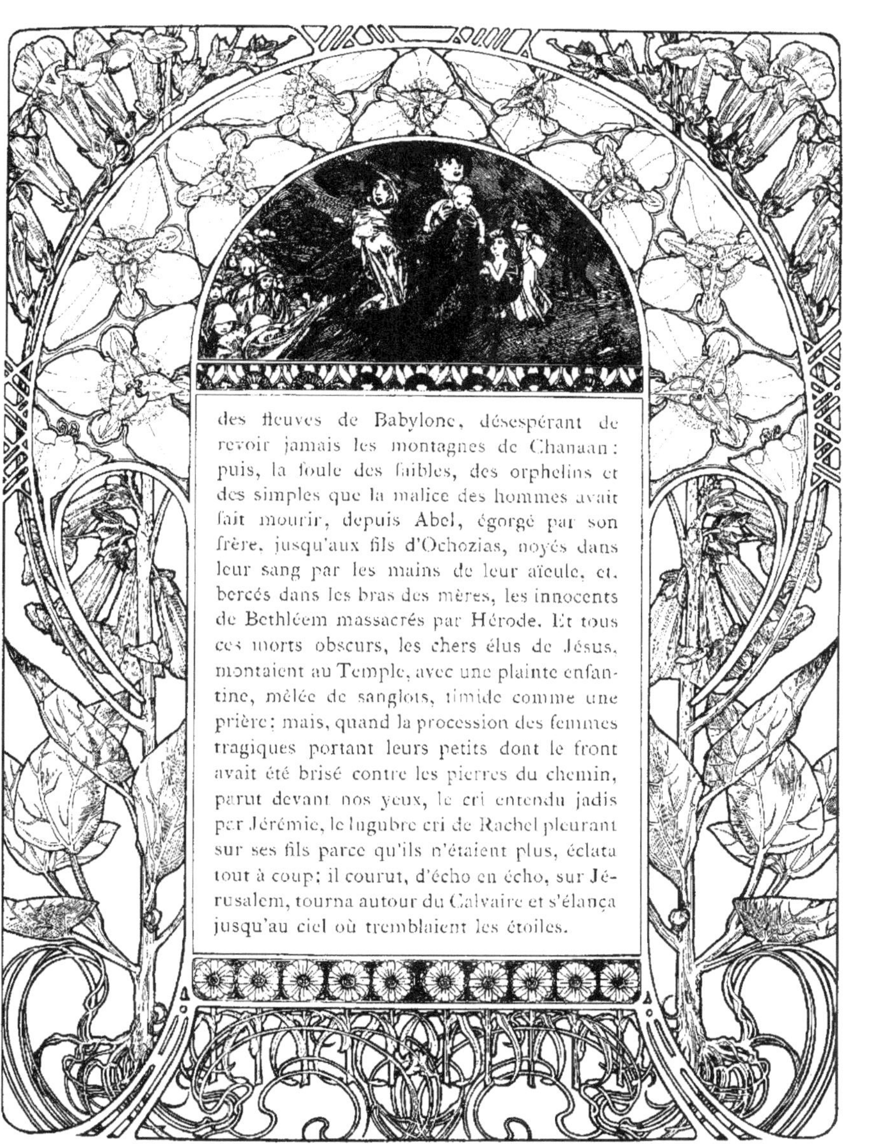

des fleuves de Babylone, désespérant de
revoir jamais les montagnes de Chanaan:
puis, la foule des faibles, des orphelins et
des simples que la malice des hommes avait
fait mourir, depuis Abel, égorgé par son
frère, jusqu'aux fils d'Ochozias, noyés dans
leur sang par les mains de leur aïeule, et,
bercés dans les bras des mères, les innocents
de Bethléem massacrés par Hérode. Et tous
ces morts obscurs, les chers élus de Jésus,
montaient au Temple, avec une plainte enfantine, mêlée de sanglots, timide comme une
prière: mais, quand la procession des femmes
tragiques portant leurs petits dont le front
avait été brisé contre les pierres du chemin,
parut devant nos yeux, le cri entendu jadis
par Jérémie, le lugubre cri de Rachel pleurant
sur ses fils parce qu'ils n'étaient plus, éclata
tout à coup; il courut, d'écho en écho, sur Jérusalem, tourna autour du Calvaire et s'élança
jusqu'au ciel où tremblaient les étoiles.

« Quel est celui-ci, dit Madeleine, qui vient
« le dernier de tous et dont le pas résonne
« comme celui d'un vivant? »

« Une forme noire s'avançait en arrière
du cortège de douleur, un adolescent à la
taille svelte, le front et les cheveux cachés
par un long voile noir, étroitement drapé en
son manteau de couleur sombre. Il s'arrêta
à portée de nos regards, rejeta son voile et
nous salua de la main. Madeleine détourna
la tête de mon côté avec effroi.

« Élisée, murmura-t-elle, c'est Élisée qui
« a soulevé la pierre de sa tombe ! »

« Et silencieusement, les yeux fixés sur le
jeune homme, elle pleurait.

« Non, répondis-je, les autres étaient
« blêmes comme leur linceul; ne reconnais-
« tu pas sur le visage d'Élisée le reflet de
« la vie ? »

« Élisée descendait les degrés du rempart;
il se déroba à notre vue et nous n'entendions

plus que le frôlement léger, toujours plus proche, de ses sandales sur le pavé des ruelles voisines. Tout à l'heure, il paraîtrait en pleine lumière entre Madeleine et moi.

« La jeune fille attendit, avec un trouble mortel, le visiteur de minuit.

« Élisée, de la race de nos rois, de la famille maternelle de Jésus, avait été l'un des plus jeunes et des plus fervents disciples du Seigneur. Mais il n'avait jamais souhaité que la Jérusalem terrestre. Il n'avait su voir en son maître que l'héritier de David, le roi légitime d'Israël, un législateur plus grand que Moïse, un prophète plus saint qu'Isaïe ou Jean le Baptiste. A travers les campagnes et les bourgs de Galilée, sur les pas du Messie, il encourageait à l'espérance ceux qui se souvenaient encore de Juda, il attisait la haine du nom romain, il excitait les opprimés à la révolte. Il parcourait les rangs de la foule assemblée autour de Jésus, et, tandis

que celui-ci consolait et bénissait, Élisée
murmurait à l'oreille des jeunes hommes :
« Celui-ci est véritablement le roi des Juifs,
« le prince du peuple de Dieu ». Un jour
vint où la Synagogue, qui cherchait déjà à
perdre le Seigneur, dénonça le pauvre enfant
à Pilate. Il fut arrêté, accusé de rébellion à
la majesté de Rome et condamné aux mines
du Liban. Au cours du dernier hiver, le bruit
de sa mort s'était répandu dans Jérusalem.
Il avait, disait-on, tenté de s'enfuir, et les
soldats de César l'avaient tué à coups de
piques.

« Élisée aimait Marie-Madeleine. Il la ren-
contra au temps même où éplorée, repen-
tante, elle s'était jetée aux pieds de Jésus ;
alors, purifiée par le pardon du Sauveur, elle
nous était apparue, avec sa figure pâle et la
flamme de ses yeux, plus belle qu'aucune
fille des hommes. Il l'aima éperdument. Une
seule fois, il osa lui parler d'amour. C'était

un soir d'été, aux bords de la mer de Galilée. Ils allaient tous deux, seuls, le long des grèves, dans un rayon d'or, épiant le retour de la barque de Pierre qui glissait, sous sa voile blanche, au souffle d'une brise embaumée. Moi-même je m'étais arrêté sur le rivage, ébloui par la magnificence du ciel. Croyez-le, mes enfants, il est donné parfois à l'œil des mortels d'entrevoir tout au fond du vaste azur les parvis d'améthystes et de rubis de la Jérusalem éternelle. Tout à coup, l'entretien plus animé des deux promeneurs attira mon attention. L'adolescent suppliait la jeune fille; celle-ci résistait à sa prière. Elisée s'empara d'une des mains de Madeleine et la serra contre sa poitrine. Elle se détacha de l'étreinte et s'éloigna de quelques pas. Elle ne semblait ni offensée, ni irritée; elle parlait au jeune garçon à voix presque basse, avec une grande douceur, comme une tendresse attristée de sœur aînée. Lui, il sup-

pliait toujours. Peu à peu, ils se rappro-
chaient de moi. Madeleine ne répondait plus
alors aux paroles ardentes d'Élisée; elle suivait des yeux, tout anxieuse, la marche lente
de la barque sous la voile blanche. Au-dessus
du mât, très haut dans l'air empourpré, un
vol de colombes, d'une blancheur de neige,
tournoyait tel qu'une auréole. L'Apôtre
repliait tranquillement ses filets au fond de
la barque, puis, d'un geste rapide, il releva
la voile. Et l'on vit, assis au gouvernail, sa
blonde chevelure baignée de lumière divine,
le Seigneur Jésus.

« Dès lors, Madeleine avait évité de se
retrouver seule avec Élisée. Mais, si elle
l'apercevait parmi les disciples, une rougeur
subite éclairait son front, un frémissement
douloureux effleurait sa bouche. Quand il fut
conduit au tribunal de Pilate, elle attendit
toute une nuit, dans le vestibule du procurateur romain, que la sentence fût prononcée.

Lorsqu'il parut, les mains chargées de chaînes,
elle le rejoignit un instant, au milieu des
soldats qui accompagnaient le malheureux.
Ils échangèrent alors un regard dont le mystère ne fut surpris par personne. Élisée sortit
de la maison de Pilate avec un visage radieux.
Madeleine suivit en sanglotant le cortège
jusqu'aux portes de la prison romaine....
« Déjà, il montait l'escalier
de la terrasse. La jeune fille tendit les bras
vers la croix du Calvaire, comme pour en
invoquer le secours. Tous trois, nous demeu-
râmes longtemps silencieux.

« Il parla le premier. Il parla d'une voix
grave, parfois impérieuse. Il révélait à Madeleine le secret amer qui était au cœur de la
jeune femme. Il se savait aimé et il l'aimait
plus âprement que jamais. Maintenant, tout
était consommé. L'espérance d'Israël avait
été déçue : une fois de plus, le rêve grandiose
du peuple de Dieu s'était évanoui et les

Prophètes s'étaient trompés. La justice, la
charité, la pureté régnant sur le monde, les
enfants d'Adam réconciliés avec le Père
céleste, le Paradis terrestre, tout rayonnant
de fleurs, retrouvé; le lait et le miel ruisselant sur la terre, dans les sillons creusés jadis
par Abraham, Isaac et Jacob, n'était-ce pas
la chimère de l'heure présente, peut-être la
folie de l'avenir? Il avait assisté au crucifie-
ment, il avait entendu le cri suprême du Roi
des Juifs, il avait vu les soldats de Rome jouant
aux dés ce qui restait de la royauté dérisoire
de Jésus : un manteau de laine taché de sang.

« Et, tandis qu'il parlait, je me souvins
de l'appel désespéré du Seigneur :

« Père, Père, pourquoi m'avez-vous aban-
« donné? »

« Marie-Madeleine, agenouillée, le front
incliné, les mains entrelacées sur ses genoux,
ses longs cheveux flottant sur les épaules, se
taisait, toute tremblante.

« Maintenant, Élisée conjurait la jeune
fille de le suivre au désert, loin de Jérusalem
et du Temple, et d'oublier le Prophète trop
austère qui lui avait fermé le cœur de sa
bien-aimée. Et, montrant la croix qui se
détachait noire sur le rideau bleuâtre des
collines, il s'écria :

« Sois à moi, Madeleine, car celui-ci n'était
« point le Messie, et il vient de mourir ! »

« Alors elle se releva, toute droite, superbe,
comme pour un anathème.

« Tais-toi, impie, qui blasphèmes comme
« font les prêtres, les pharisiens et les bour-
« reaux de Rome ! Aveugle, qui n'as pas
« compris la lumière ! Ame légère, près de
« qui le Sauveur est passé et qui n'a pas
« voulu être sauvée ! Enfant, qui te glorifies
« de ton amour à l'heure où nous pleurons
« sur le martyre de celui que tu crois mort !
« N'as-tu pas vu, en ce jour, le ciel et la
« terre troublés ? N'es-tu pas entré, cette

« nuit, dans Jérusalem, entraîné par la foule
« de nos pères ensevelis depuis des années
« sans nombre et que le dernier souffle de
« Jésus a rappelés à la vie ? Et c'est au
« moment où la poussière du genre hu-
« main, ranimée, témoigne pour le Fils de
« Dieu, que tu viens, en face de cette croix,
« outrager à notre deuil comme à notre
« espérance ? Tu n'as plus rien à faire ici.
« Va te réconcilier avec la Synagogue et men-
« dier le pardon de Pilate ! »

« Flagellé dans son orgueil, le petit-fils de
David répondit :

« Je t'aimais, toi, la courtisane illustre,
« pour ta beauté et pour ton sourire. Je t'ai-
« mais, moi qui suis du sang royal d'Israël.
« Tu m'avais repoussé au nom d'un serment
« et d'une religion qui ne sont plus que
« vanité. J'attendais. Tu es libre et tu me
« chasses. Tes paroles, sur les rives de la
« mer de Galilée, ont donc menti ; tes yeux

« en pleurs, sur le chemin de ma prison,
« mentaient encore. Tu mentais à Jésus.
« Mais nos maîtres romains aiment les grâces
« perfides ; une nuit, une seule nuit de fidé-
« lité les contente. Ne reconnais-tu pas
« là-bas, dans l'ombre des sycomores, la
« maison aux blancs portiques, où les jeunes
« centurions de César espèrent, chaque soir,
« le retour de Marie-Madeleine ? »

« Humiliée, baissant la tête et défaillante :
« Sois béni, dit-elle, car tu achèves mon
« expiation. Non, je ne t'ai point menti. Tu
« aurais plus de pitié si tu avais su lire au
« fond de mon âme. Entre toi et moi est
« toujours le Seigneur. Sa miséricorde m'a
« relevée, sa sainteté m'a sanctifiée. Je ne
« puis plus le trahir, même pour toi. Sois
« doux envers la courtisane, Elisée. Écoute.
« Je t'ai réservé un gage de tendresse, une
« joie telle que pas un des amis de Jésus
« n'en aura goûté de plus grande. Laisse

« s'écouler cette nuit, le jour du sabbat tout
« entier et une nuit encore. Dès l'aube, tu
« m'attendras sur le sentier qui mène au
« sépulcre. Jean et moi, la sœur de Lazare
« et quelques-uns des disciples, nous irons,
« à cette heure, adorer le Roi des Juifs. Et
« tu verras alors, Élisée, comme Madeleine
« t'aimait. »

« Sa voix s'était faite caressante, et le
charme de ses yeux sombres reprenait Élisée.
Il se rapprocha de la jeune fille, tout prêt à
implorer son pardon.

« Adieu, dit-elle, notre veillée funèbre n'est
« point finie. »

« Lentement il se retira. Et le bruit de
ses pas s'éteignit bientôt au loin dans la
triste Jérusalem.

« La nuit suivante, une
heure avant l'aurore, je descendis avec
Madeleine dans notre rue étroite, afin d'y
rejoindre nos frères. Joseph d'Arimathie

frappait légèrement de son bâton à toutes
les maisons chrétiennes ; les disciples sor-
taient aussitôt de leurs logis ; la sœur de
Lazare et quelques femmes tenaient de
petites lampes allumées et portaient des
fleurs. Nous allâmes avec de grandes pré-
cautions, évitant les quartiers des pharisiens
et des Lévites, jusqu'à l'une des portes de
Jérusalem, que les soldats romains voulurent
bien entr'ouvrir pour quelques pièces d'argent. Une fois hors des murailles, nous
pénétrions en un ravin profond conduisant
à la colline sacrée. A travers le brouillard
blanc du matin, les lampes des femmes se
balançaient pareilles à ces feux livides qui, la
nuit, courent sur le désert et se posent sur
les tombes. Nous marchions, très recueillis,
avec des soupirs et des gémissements. Madeleine seule semblait consolée. Elle se hâtait
d'un pas impatient, à la tête du cortège, vers
le lointain. Comme l'aurore dorait, à l'orient,

les crêtes des plus hautes montagnes, nous
vîmes une ombre qui nous précédait sur le
chemin. Élisée montait, lui aussi, vers le
tombeau. Parfois, il disparaissait à demi
dans la brume grisâtre qui rampait encore
autour des rochers, puis, on revoyait, toujours plus haut, toujours plus rapide, son
long manteau noir. A notre tour, nous gra-
vissions les premières pentes de la colline.
Le ciel peu à peu s'éclairait d'un immense
sourire, le ciel plus blanc que l'aile du cygne,
plus brillant que la fleur de l'hyacinthe. Tout
à coup la terre frémit sous nos pieds, le
Golgotha chancela, une lueur d'éclair nous
éblouit, un torrent de lumière inonda la
colline ; Élisée jetait un cri terrible et tom-
bait à la renverse, les bras en croix, la face
tournée vers le ciel, dans la poussière du
sentier.

« Marie-Madeleine se pencha sur l'adolescent. Le visage d'Élisée resplendissait alors

d'une beauté plus qu'humaine; ses yeux
grands ouverts révélaient à la fois l'épouvante
et la félicité dont il venait de mourir. Deux
soldats romains, fous de terreur, descen-
daient le calvaire en courant et s'enfuyaient à
Jérusalem. Ils s'arrêtèrent près de nous. Le
plus jeune qui, en ce jour même, confessa le
Verbe et bientôt mourut martyr aux côtés
d'Étienne, nous fit comprendre qu'au moment où Élisée fut signalé par les sentinelles
au gardien du tombeau, la pierre fermant le
sépulcre s'était brisée avec un bruit de ton-
nerre; lui et ses compagnons, terrassés par
la foudre, avaient entrevu, sortant de la
grotte, une figure blanche, rayonnante comme
le soleil, dont les pieds ne touchaient point
la terre, dont la majesté était formidable. Les
grands cyprès dressés à la droite du tombeau
s'étaient courbés comme sous une tempête,
et le fantôme avait disparu.

« Marie-Madeleine tenait toujours, soulevée

entre ses mains, la tête pâle d'Élisée. Elle le
berçait doucement, tel qu'un enfant endormi.
Puis, elle s'inclina, écarta les boucles de la
chevelure et imprima sur le front du disciple
mort un long baiser. Les saintes femmes
recouvrirent des fleurs qu'elles portaient le
petit-fils de David. Et nous reprîmes notre
pèlerinage au sépulcre de Jésus. Le jour
n'était pas encore levé ; l'air était parfumé
par la senteur de roses et de lis invisibles ;
de la tombe vide coulait un flot de lumière
très pure qui, au delà des collines, des
champs et des déserts, allait se perdre sur
la Galilée. »

Saint Jean se tut alors. Le
crépuscule jetait sur Éphèse, les montagnes
et la mer ses voiles brodés de perles et de
larmes. Les rossignols d'Ionie chantaient
dans les buissons. Et le vieil Apôtre, immobile, les mains jointes, priait tout bas.

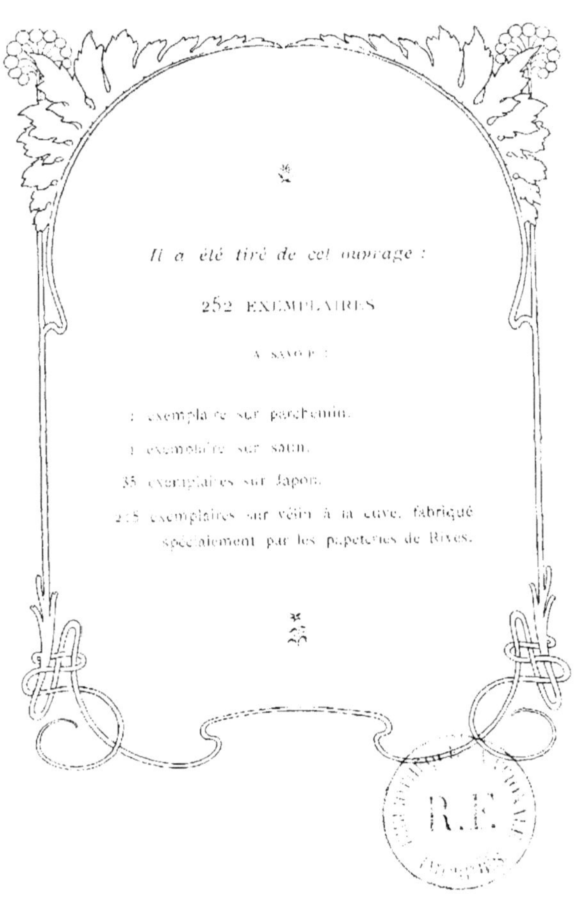

Il a été tiré de cet ouvrage :

252 EXEMPLAIRES

À SAVOIR :

1 exemplaire sur parchemin.

1 exemplaire sur satin.

35 exemplaires sur Japon.

215 exemplaires sur vélin à la cuve, fabriqué
spécialement par les papeteries de Rives.

ACHEVÉ D'IMPRIMER À PARIS LE 17 NOVEMBRE 1900

9 782329 732930